AF493071

Esteban C. Gagliardi
A P A R I C I O N E S
Buenos Aires Poetry, 2023
46 pp.; 15.24 x 22.86 cm
ISBN 978-987-8470-53-5
Poesía Chilena

Editorial ©Buenos Aires Poetry
Colección ©Pippa Passes
Diseño editorial ©Camila Evia

**BUENOS
AIRES
POETRY**

BUENOS AIRES POETRY
editorial@buenosairespoetry.com
www.editorialbuenosairespoetry.com
www.buenosairespoetry.com

Esteban C. Gagliardi

APARICIONES

BUENOS
AIRES
POETRY

PIPPA
PASSES

ESTEBAN C. GAGLIARDI

—

A p a r i c i o n e s

•

I

Sobre los pómulos del bosque
hallaste la silueta de un número.
Y los símbolos te pidieron sus nombres,
y arbustos y lago se trenzaron en un solo espejismo.

Los símbolos de tierra
portaban cinceles en cada uno de sus torsos.
Y pensaste atravesar el lago con tobillos descamados,
para ver, a través del vientre horadado de tu Amigo,
cuán lejos del lago erosionan las piedras.

Pero la fantasía de piedra (o uno de los nombres de tu época)
no comparte las claves del sueño.
Entonces un gecko atravesó velozmente el lago,
y del fulgor irradiado en el contacto de sus patas con el agua
vino a tu hombro izquierdo una imagen azulina,
que se enrolló a tu cuello y saludó a los arbustos
con un beso de ternura febril.

Cuando volteaste de nuevo hacia tu Amigo,
a través de su vientre, cristal de tiempo,
un símbolo se perdió entre los arbustos,
y de nuevo resonaron las antenas de los ovíparos.

II

Plateada, en la boca de una iguana,
la espesura de un signo acercó su cabeza
a los húmedos tilos.

Mientras, en un río cercano,
el ojo de un niño vio por un ínfimo instante
lo que podía haber cruzando la estepa.
Allí los brazos de un simio tocaban un árbol como una zurna
y el fragor de la visión fue intuido en la obra electroacústica N°9:
Las apariciones asimétricas.

Para el ínfimo ojo y los brazos del simio, sin embargo,
parecieron más bien los *cantos percutidos*
–y el rumor del granizo alumbró las orejas.

Un cascabel cercenado que más allá del río aún cantaba,
fue apresado por una niebla negra que se desprendió del árbol-zurna.
Y un leve gesto de miedo se tejió en las comisuras de los labios del
|niño.

III

La tarde en que viste el cristal azulino,
Ilías, con tu vestido de extraño ramaje,
se embriagaron tus sentidos de helado estupor
por la inmensidad veloz que frente a ti se abría.

Muy cerca de ti una abeja se embriagó también cerca de un jacinto
cuyos pistilos se hinchaban con un tono eléctrico al acercarse aquella.

–Rocas y lámparas, por ejemplo, también se hinchan
en otros tonos eléctricos al acercarse la abeja–
Y quisiste describir lo sucedido,
mas una esfera disonante aparecía frente a ti
y enmudecías.

Pero una tarde esa esfera
apareció frente a ti y comenzó a hincharse
en tonos eléctricos que entraron por las puntas de tus dedos.
Así viste a una abeja posarse sobre tu anular
y así fue la abeja horadada por cristales ultravioletas.

IV

Una neóptera dibujaba en la madera
su mecánica, instinto o azar
sobre un tono blanco ocre.
Con sus patas tensaba su ovipositor,
punzante, que se unía a los dibujos.

Cuando la cámara se acercó a ella
comenzó a revolotear sin dirección aparente.

Me alejé un poco y ella volvió a su dibujo
pero, pronto, *eligió* posarse sobre una hoja de cannabis
que silente escuchaba, al costado.

Comenzó a hacer otro dibujo.
Cuando la cámara se acercó a ella
revoloteó muy cerca de mí
y el final de la grabación tiene la imagen distorsionada de una llanta.

V

Cuando la sombra habla a la ambigüedad,
luego de salir de su vientre vaporoso,
convierte los arbustos en el fuego transparente
que algunos costumbristas llaman 'épocas'
-pero los niños que juegan al otro lado del vapor
sueltan risas irónicas de sus labios obstinados-

VI

Los huesos y dientes que hallamos en nuestros jardines
hablaban de un pasado informe, de voces y guerras
que veneraron la unidad o la escisión
con luces distintas para quienes las hallaron
en esta o aquella parte del mundo,
en tal o cual hora del día.

Pero una tarde, cuando, perdida la atención en los conceptos,
Gäze, como de un baúl que años atrás se cerrara
hiriendo el costado de su ceja,
extrajo de la tierra un nuevo diente para su memoria,
lo que vio fue semejante a un señuelo.

Las capas

Cuando, a través de la capa hilética del mundo,
te desplazas con la huella de un ser que huye y espejea,
te inclinas sobre la cama como sobre un manto de carne
cuya candidez consuma el fondo rosa de un mundo
que es el filo entre piel y recuerdo,
entre fuga y uno;
o tal vez
es el fin de esos dúos que nacieron
sobre un hálito de acordes y crujidos
cuyas espaldas se extienden más allá de sí
y atraviesan la tierra -que hoy es otra cara
de la carne y el razonamiento,
tierra severa o blanda-.
Cuando las espaldas del hálito
suben al fin sobre las yemas de tus dedos
reposan y duermen una siesta milenaria
-y al despertar eres tú quien hierve sobre el hálito.

•

A Frugalla

Los frutos de pie
los frutos de símbolo
-quien come una uva
y ve una naranja-
los desplazamientos.

Los frutos del sueño
indicaban que no los indicaras,
pero los creíste señal de tu relación con las cáscaras
-entre la estela veloz de un filo en el viento
se saludan el humano y la cáscara,
dicen los sabios de Izë-.

Pero no eras uno y no hubo cáscara posible
aunque, al crujir los puentes,
vieras los frutos construirse
y destruirse sobre montañas de sal.

A un joven teísta

Una araña blanca atraviesa el rosario de un joven
y, cuando llega a sus manos, dice:

Ruedas perdidas,
fragmentos de templo.
La mano del arcángel,
un caracol sobre el dedo.

Por largos siglos el tronido de campos y naciones
extendiendo sus arbustos de hojas trizadas.
Saluda, en la pelvis de tus ancestros,
la incógnita frondosa.

Y cuando la araña se marcha, a través del rosario,
divertida aún en sus extraños colores,
deposita un huevo entre uno de sus alambres.

La visita

Entre las mustias almas del bosque
despiertan, pequeñas y frágiles,
las hojas náufragas
del huerto estival.

Como escapando de la copa
de un árbol fúnebre,
corren cielos y sombras
hasta posarse
en las rocas húmedas
del lago.

Una de ellas,
por casualidad,
aterriza en el marco
de tu ventana
y, entre tus manos,
danza y se regocija.

Pareciera que ha olvidado
las antiguas guerras y tormentas.
Pareciera que veía
que las hojas más bellas
despiertan para morir.

Afuera el rumor de pastizales

Mi maestro eligió la quietud
–a él acoge la razón de un sentir
claro e inmenso–
y caracoles ríen sobre sus hombros.

Pero heme aquí, yo cogí la arcilla
y hundí mi trazo sobre su aspereza.
He troceado, una por una, las hojas
de ignotas visiones -ellas jugaban en ronda
(afuera el rumor de pastizales
nos invita, flameantes, a la par del ciervo).

Antaño, mientras cogía
terrones de arena y los tiraba al mar,
un golpe de dados invisibles
caían como chispas risadas,
y un ciprés andino abandonaba mi pecho…

Las efigies

Una luz tras el horizonte aguardaba,
rodeada por una endrina de sueños.
Debíamos hallarla– emprendimos viaje;
hierba irritaba nuestros brazos.
Sobre el camino, arrancamos raíces
de pueblos y costumbres,
para insuflar la nueva efigie
y proveerle aliento.

Pero una maraña de árboles en frente
nos halló y nos deslizamos desde troncos verdes a púrpuras,
a través del canto de un halcón peregrino
que extendía su cola hasta el final del sendero.
Allí nacían las montañas de la imagen
y la arista; mas nuestros miembros se tensaron
y confundieron los ramajes.
Entonces volcamos la vista, grabando
las figuras perdidas entre muros hendidos.
Adelante! gritó la manada, y de su aliento
brotó un pequeño cielo
que consagró las sienes de los recién nacidos.

La noche del 4 de mayo

Una extraña geometría cubrió el cielo de blanco.
Se escindió un péndulo al caer al mar.
Y medimos la luz sin saber aún qué era;
en torno a la fuente, donde se arremolinan los ojos.

Para Azthem, al despertar

Has vertido sangre al cuenco
y las ígneas rocas que horadan su fondo
ya no remueven mi pecho
de alientos musitados.

¿Fuiste tú quien corría el umbral
macabramente de un polo al otro?
¿Fuiste tú quien a su blanco modo
dispuso elementos de rostros informes?

Un ojo ha abierto ya la espesura.
Y granizos de nervios rocían tu cuerpo.
Y ahí donde el velo nos desunía
he visto desde ti.

¿Acaso no lanzaste
dados de brazos indistintos?
¿Trocaste, cierto, las ánimas
de pechos dispersos en la llanura?
Y la niebla en que se oían tus ecos...

Cogí tu mano de incierto siglo
que emana zurciendo una corona de nubes
y desvanece al instante, sin rastro, y oímos
de lejos el Silbido.

El viaje

Cuando mengua la robusta espalda del fuego
y bajo tus pies desenfunda
una alfombra de espinas,
Alicia, surcando el cielo,
ya casi inerte, ahogada en saliva,
abraza el perecer como un sello invisible.

Una lengua le dijo en un sueño:
La ley que nos congrega y su rostro de anfibio.

Los cinceles

Cada día esculpo mi piedra
—así te obligas a ser sabio.
Pero una sombra rodea
el cincel, la piedra,
el brazo, el cerebro.

Cuando la piedra cae,
dicen que sube.
Cuando sube
la piedra no es transparente.

La piedra a veces vuelve sola,
a veces debes ir a buscarla.
¿Qué es lo que esculpes
cuando no esculpes la piedra?

Cuando una piedra está casi perfectamente esculpida
el cincel se vuelve sombra.

Instante y objeto

Los signos caían como lluvia
sobre un caudal evanescente.
En tu mentón se estrelló una gota
y dijiste:
ya no me importa la oscuridad
y la luz,
y sobre mi frente un signo carcajea.

Esa noche, cuando el lenguaje fue
una extraña sugerencia de la naturaleza,
un soplo de fractales se dispersó en el vuelo
de un nombre irradiando a los objetos.

La llamada

Observa sobre el entretecho del tiempo
—y algunas cadenas del pasado—
¿Oirás libre una vez más?
En un grácil pestañeo del cosmos
tus pistilos se abren como arcos.
La sed que te llama y envuelve en ceniza
nació danzando en el mar rojo
de aquel imposible día primero.

Las órbitas

Vertiginosa la órbita que al brotar nos inunda,
sus filamentos giran sobre ejes dispersos,
congregan al labio que al asomarse despoja.

Un tibio temblor que en su centro corroe,
desliza en lo alto un fragor de pociones
—redibuja los puntos
que al mirar desaparecen—

Y absorbe al núcleo danzante,
cuya carne al abrir se evapora.

Cuál es la era de los mapas

Ahora que pintamos las puertas de verde,
esperando que la brújula del Gran Mapa
nos anuncie;
el canto infinito que oíamos de la costa,
nos observa y se descubre
como en una fuente:

Cerca, en las ventiscas,
breves ofrendas arrojadas por los sosos
—ellos suelen ser apilados
según los matices que irradien—

Un poco más allá, al despuntar la tierra
brazos se quiebran esculpiendo el grano.
A veces cogemos sin mirar las semillas
y otras el fruto sin advertir nos devora.

Mas yo veo caer su saliva
y me encrespo en velas de suavidad trepidante.
Y cuando caigo a mi cuerpo, y lo observo rotando,
me deshago entre arbustos negros
y en mis manos no queda sino una herida que arde.

Otras noches, cuando las voces cantan sobre otras vías,
veo caer la savia entre mis manos.
Pero hoy la brújula del Gran Mapa
con su gesto nos sella:
apaue it wra mao suden ïë

Los bramidos

35

Tracé figuras sobre la cueva parda.
Un ovíparo esperaba entre los juncos.
Con él cabalgué sobre la llama humana
que se yergue sobre los campos de luz incesante
hasta las ciudades: y me impuse zafar el algoritmo
que colabora en mi impresión de una sobrecarga de estímulos.
Y cuando bailaba sobre las barreras que separan las carreteras
los automóviles sonreían con eléctrico desprecio.

Entonces pensé en no disociarme de las máquinas
y mis brazos parecían dos prismas de nervios.
Y cuando consultaba al pasado, en busca de carne y voz
un aire estridente entraba por mis orejas.
Y cuando preguntaba a mi padre y mi madre sobre los signos
sus lenguas se perdían entre sus dientes.

Entonces volví mi vista a los senderos
que redimían a metrólogos y profetas
–y cada hoja de sus bocas se erguía, y caía una tela
transparente que flotaba sobre el agua
como un cristal oscilante–

Ya han labrado los muros: brazo de piedra.
Cuando me acerqué a los conceptos, uno por uno

y la tibia humedad cubrió mis pies descalzos,
sus figuras se eclipsaron persiguiendo a la hoja
que más allá flotaba, hacia el jardín
donde tu sueño y el mío esculpieron el cuerpo
humano: una promesa o perdición
lanzada en rostro de bramido
al seno de la órbita solar.

Horizontes

Aquí y allá, otra corteza
nos saluda, y en su mano de cobre
danza el poliedro de agua
voceando al horizonte:

Quise hallarte insondable, Erato,
entre la dulce selva
—y cada arista desnuda el sendero polimorfo
al ritmo de la hoja seca en tierra
húmeda, el cuello del alba y el escorzo
fundidos para siempre hacia el virtual infinito...

Lo que un hálito dijo

Entonces siento aparecer un hálito
sobre la acentralidad de mi espíritu
que dice, en brote de signos:

La puerta en la que has tranzado
llevando a su frente tus muslos azules,
pálida cae ante Arreskni
—afuera crepita la arboleda—

Yo he prendido tu pecho de una maraña de licores
y he pintado tus hombros de fulgurante púrpura.
Pero ahora es la tierra quien se levanta
y enseña su raíz como una exhalación.

La moral no es ya una alfombra,
pues volví agua tus pies de arena
cuando escapaban al jardín de Irmtrud.
Mas no escogí sumar tus miembros al espesor.

Cristalina es también mi desventura.
Y he arropado mis preguntas de ceguera voluntaria
—a mis espaldas los engranajes
desviaban sus cursos—

Pero una noche increpé a la Voz que, desde lejos, me inunda, y dije:

«Años han pasado ya desde que viertes
mi caudal serpentino sobre el cuerpo de este joven;
y cuando emanan tus destellos
son como aguijones sobre su pecho y espalda.

¿De dónde la intermitente
fugacidad de tus caprichos?
Yo he sabido contemplarte
sobre el pelaje de un mirlo
y en un sueño de furia, te vi
cruzar sus tejidos radiantes.

Y he movido mi cola
sobre las rodillas del joven
cuando la fuerza con que me empujabas, desvanecía.
Y aguijones en sus sienes
trepaban, y por su sangre...

¿Pretendes, acaso, perderlo
en el escindido fluir de tu aparición?
¿O es que acaso decantas
la luz al azar repartida
atravesando su cuello
con eternos escorzos?».

Así habló el hálito a la Voz y a mí.
Y cuando se hizo el silencio,
como en corteza de árbol,
tallé en su llave una hoja.

Sobre el autor

Esteban C. Gagliardi nació en Santiago de Chile el 8 de diciembre de 1994. Es Licenciado en Filosofía (Universidad de Chile) y aprendiz musical. Aunque su comienzo en la poesía fue a temprana edad, ha realizado también diversos trabajos en el campo de la filosofía: "Consideraciones sobre la noción de experiencia en Bacon y Kant", "¿Es la noción de conocimiento hegeliana una disrupción en la isostenia escéptica?", "Aproximaciones para una interpretación de la experiencia sonora", entre otros. En paralelo, ha participado en proyectos musicales de distintas vertientes, y ahora prepara una obra para ensamble de cámara.

Febrero 2023
Impreso en Buenos Aires,
Buenos Aires Poetry
www.editorialbuenosairespoetry.com

www.ingramcontent.com/pod-product-compliance
Lightning Source LLC
Chambersburg PA
CBHW030413160726
47992CB00007B/3106